참빗살나무
근처

이 도서의 국립중앙도서관 출판시도서목록(CIP)은 e-CIP 홈페이지
(http://www.nl.go.kr/ecip)에서 이용하실 수 있습니다.
(CIP 제어번호 : CIP2018031398)

참빗살나무 근처

2018년 10월 5일 초판 1쇄 인쇄
2018년 10월 15일 초판 1쇄 발행

지은이 | 김윤숙
펴낸이 | 孫貞順
펴낸곳 | 도서출판 작가
(03761) 서울 서대문구 북아현로 89
전화 | 02)365-8111~2 팩스 | 02)365-8110
이메일 | morebook@naver.com
홈페이지 | www.morebook.co.kr
등록번호 | 제13-630호(2000. 2. 9.)

편집 | 손희 설재원
디자인 | 전경아
영업 | 손원대
관리 | 이용승

* 이 책은 문화체육관광부 제주특별자치도 제주문화예술재단의 기금을 받아 발간되었습니다.

ISBN 978-89-94815-84-8 03810

값 10,000원

참빗살나무
근처

김윤숙 시집

작가

시인의 말

가을이 오기 까지는,
폭염의 날들을 견딘 지난여름 있었다.

사방이 멈춰 있는 듯 고요 속 저 아랫마을,
한낮의 정적에 휩싸였다.

멎은 듯, 이내 오름 정상 노란 깃발 휘날려
강렬한 불볕 아래 바람은 저를 드러내었다.

땀 흘린 산행 한줄기 바람이 간절하던 때
시도 이와 같은 일이다.
그렇게 받아들여, 절로 스며나는 일이다.

차례

시인의 말

| 제1부 |

14 단풍
15 섶섬
16 참빗살나무
17 내 이마로 오는 수평선
18 순정
19 안개지대
20 물영아리
21 석굴암 오르는 길
22 편백나무
- 추사체로 읽다
23 남한산성
24 고요가 불러 온 힘
25 버드나무집
26 순천만
27 운남을 찾아서
28 빗장을 열다
- 걸서오름
29 푸른 날들
30 장마, 세이지
31 해바라기 밭을 지나며
32 묵호항

| 제 2 부 |

36 여름의 비밀
37 천기당
38 뱀딸기
39 산굴뚝나비
40 하논
41 늦더위
42 젖은 새
43 술패랭이꽃
44 평사리 범부채꽃
45 과녁
46 경전
47 한라산부추꽃
48 산지, 옛집
- 단란한 밥상
49 마농지
50 목포
51 남방큰돌고래
52 엉또폭포
53 석간세이石澗洗耳
54 노랑줄무늬거미

제3부

58 비설飛雪
59 가마우지
60 붉은 억새
61 사월 월령바다
62 제비꽃 바다
63 바람의 날 · 3
- 변시지 그림 전
64 바람의 날 · 4
- 억새
65 곡비
66 광장
67 팥배나무
- 바람 속을 부는 바람 전 - 강요배
68 호랑나비의 잠
69 궁리
70 감물 옷
71 소길리
72 춤, 세마
73 흰 구두 한 켤레
74 함덕
-서우봉

| 제4부 |

78 풍경들

79 참을 수 없이 가벼운

80 달라*의 부처

81 동천리 석빙고

82 청산도의 일박

83 야차굼바의 길

84 차마고도

85 망초꽃

86 삘기꽃

87 접시꽃

88 파고
- 칡그물

89 길고양이들

90 자미원을 지나며

91 11월, 구절초

92 백합

93 맥문동잔디

94 어떤 꽃 하나

95 달팽이관

96 해설
구도(求道)의 순례의 길을 걷는 시조
- 고명철

제 1 부

단풍
섶섬
참빗살나무
내 이마로 오는 수평선
순정
안개지대
물영아리
석굴암 오르는 길
편백나무
- 추사체로 읽다
남한산성
고요가 불러 온 힘
버드나무집
순천만
운남을 찾아서
빗장을 열다
- 걸서오름
푸른 날들
장마, 세이지
해바라기 밭을 지나며
묵호항

단풍

놓치는 건 네가 아닌 내 안의 시월이다

붉게 쏟아지는 울음의 저 길 끝으로

붙잡지 못하는 마음 서늘히 번져간다

섶섬

숲에 들이친 바람을 설렁 밀어내랴

절지기* 울음 삼켜 숨비기꽃 피우는

지상의 감옥 한 채에, 온 우주를 내린다

*섶섬 앞 오름의 바위굴에서 나오지 않고 절을 지키던 이 있었다고 전해진다.

참빗살나무

참빗처럼 나뭇잎을 파고드는 햇살에
한라 능선 차오르는 치렁치렁 머릿결
언젠가 마주친 소녀 빛나던 이유 알겠다

어머니 나를 눕혀 서캐를 고르시던
그 손길 설핏 든 잠, 홀로 깨어 서러운 날
땀 냄새 절은 머리칼 참빗살나무 근처다

몇 번을 멈칫대다 끝내 찾지 않은 집
수직의 돌계단 산정 아래 이르러
푸르름 순명으로 받드나 붉게 익는 열매들

내 이마로 오는 수평선

몇 번을 다녀왔을까 너울의 저 건너편

떠도는 부유물들 오롯이 다 가두어

수시로 지워 버리는 뱃길의 아린 흔적

갈매기 날갯짓은 못 다한 자유였을

그때나 지금이나 내 이마로만 오는 이여

섬머리 첫 물음 앞에 아직 놓인 수평선

순정

고집만으로 세상
닿을 줄 알았으랴만
그을리고 깎이며
수없이 구르고도
부대 속 알갱이 소금
받침대 흘린 간수

뼈 마디 굽은 어머니
다 내주시던 몸처럼
거친 손 순정純晶 하나
가슴 깊이 녹아들
눈물을 단련시킨다
간신히 나를 건너

안개지대

누군가 날 떼어놓나 자꾸 길은 사라져

점멸등 저 한 점 위로마저 멀어지는

산등성 내리는 안개 또 어디쯤 와 있나

길을 놓쳐 드러난 침엽수림 바리게이트

닿을 수 없는 손길이 저렇듯 빽빽하다

텅 비어 못 받아들인 안개의 벽, 틈새 젖는다

물영아리

하늘 받든 굼부리 오름을 끌어올려
나를 찾는 어디쯤 나를 불러들이는
불덩이 가슴에 담아 한없이 궁굴렸을

새어나는 틈새마다 어머니의 손길로
차오르는 그리움도 사뿐히 받아 안아
우러른 생명의 터전 물을 가둬 놓았네

공중의 푸른빛이 곡진히 내리며
수초 함께 일렁이는 그 뜻을 알 것 같아
수차례 깎이고 깎인, 바람 예 와서 머무네

석굴암 오르는 길

서서히 솟아올라 또 한 채의 한라산

등짐을 짊어진 오래된 고행에는

직립의 나뭇가지 하나 슬쩍 내려 받쳤으리

가쁜 숨결 등성마다 한 아름의 적송들

흐려진 시력 탓만은 결코 아닐 텐데

그 어딜 둘러보아도, 기도처 벼랑에 섰네

편백나무
–추사체로 읽다

천백도로 들어 선 바로 앞의 푸른 사람

시조의 품성처럼 허허로운 눈매여

튼실한 잎의 문체로 아이 여럿 품고 있다

남한산성

빈틈없는 여장성벽 안개에 휩싸인다
가파른 붉은 흙길 애초에 잘못 들어
근본에 없던 무릎 통증 온몸이 저려온다

잠시 앉은 나무의자 선뜩 든 한기는
"흙냄새 속에서 살아가야 할 아득한 날들이*"
울음의 흔적 고이듯 오래된 그림자로 내려

아직은 이른 봄 뼛속까지 냉골인
서문에 이르는 진흙 속에 놓던 발바닥
젖은 잎 덜 마른 귀퉁이 끌리는 용포 자락

하늘에 고해야 할 간곡함 그 시각일까
순식간 드러난 초고층의 건물들
눈앞이 아득하였다, 어찌 가 이를 건가

*김훈의 소설 『남한산성』

고요가 불러온 힘

야생초 계곡으로 들이치는 바람은

마른 날의 천둥처럼 비수를 숨긴 듯

바위 곁 분단나무 아래 몸을 납작 낮췄으니

풍경의 신명에 이다지도 놀랐을까

가슴이 싸하게 바짝 타든 목마름이

허투루 쌓은 게 많아, 내 밖을 이제 받들려니

버드나무 집

버드나무 강가를 무심히 지나치다
연둣빛 이파리 꽃대궐에 눈이 갔다
입안에 가득 풀냄새, 알싸하게 번지는

혼신으로 짓고 있는 푸름의 몸짓에
스포트라이트의 봄빛은 그리로만 비춰
수심의 저 강 깊이를 서로 들어 올리는

하늘 가까이보다 구부림의 인내로
아늑한 집 한 채씩 궁궐의 뜰에 내려
저절로 둥글어진다, 차창 밖 멀리까지

순천만

새떼들

내려앉은 오월의 순천만

누구도 들이지만 함부로 못 돌아서는

차르르 벼리는 가슴, 비상을 꿈꾸었다

이명의 바람소리 네가 나를 부르듯

갯벌이 뱉어낸 숨 강물처럼 차올라

일제히 날아오르는 갈대

저 눈부신 날갯짓

운남을 찾아서

구름을 찾아든 곳

구름 걷힌 하늘 아래

풍류의 상징 같은 직립의 패루 익숙하다

낙엽과 이끼의 시간,

물처럼 결을 내고

고산병 별것도 아닌

겸손의 한 마음

미끈거리는 발밑의 찬 기운 힘을 실어

무심결 산을 받드니

눈앞의 한라, 삼각봉이다

빗장을 열다

–걸서오름

문을 걸어 잠갔다,

흘려들은 게 틀림없다

햇살을 꼭꼭 다져 쏴아 번지는 풀냄새

간절한 그리움으로
등성은 더 굽이지고

망초꽃 삘기꽃, 새하얗도록 품은 바람

내안의 빗장에도
초록이 흥건하여

전망대, 저 아랫마을 사람 흔적 새롭다

푸른 날들

벚나무 푸른 이파리 석양에 더 환해진
바람의 본심을 꽃 지고서야 알았네
속살이 붉게 내비친 튼실한 믿음까지

무심코 뱉은 말에 숲이 다 일렁이는
벚나무 온 생이 푸르게 붙들어 매는
무심한 너 떠올려도 다 용서라는 이 저녁

장마, 세이지

나비 날개 이파리들 휩쓸려 눕는다
지주 대에 버티다 서로 엉킨 줄기들
몇 차례 장대비에는 속수무책 도리 없어

무심히 그냥 두니 어느새 땅 밀어낸다
바닥 친 많은 날들 저리 사뿐 일어설 줄
서로를 받쳐 주면서 키득키득 웃는다

해바라기 밭을 지나며

뙤약볕 들녘 지나

한 쪽 귀 타든 여름

고흐의 해바라기

떼로 듣는 오랜 안부

격정의 날들을 건너

어렵사리 들던 방,

묵호항

바다 곁 비탈진 밭
항구에 매여 있다

동해로 떠날 채비
마음 자꾸 뒤처져

선불리 접안 한 배에 올라서질 못한다

예약했던 배표마저
잠시 묵힐 심사에는

어느새 알아차려
등대가 기울고

머위쌈, 한입 가득히
때맞춰 울리는 무적소리

제 2 부

여름의 비밀

천기당

뱀딸기

산굴뚝나비

하논

늦더위

젖은 새

술패랭이꽃

평사리 범부채꽃

과녁

경전

한라산부추꽃

산지, 옛집
- 단란한 밥상

마농지

목포

남방큰돌고래

엉또폭포

석간세이石澗洗耳

노랑줄무늬거미

여름의 비밀

애초의 내 태생은 곳물질 해녀였을까
손사래 치는 어머니, 참아도 다시 품어
서부두 모래알 파도 궁굴리며 한나절

돌멩이 눌러둔 새 블라우스 간데없이
파르르 떠는 입술, 물빛 더욱 새파랗던
흰 속옷 터벅터벅 걸어, 뒤처지던 방파제

그리움 들어설 자리 먼 바다로 밀려나
파도소리 숨비소리 자맥질 손에 들린
그 여름 포식해버린 불가사리 빨갛다

천기당*

백엽상에 반사되는 오래전의 봄볕이
내 귓가로 뛰어들어 하얗게 일렁이는
동산 위 풀밭의 세상 끌어당긴 놀이터

산지다리 건너서 하루해 저물도록
새까맣게 그을려도 천국은 바로 여기
발아래 아늑한 집들 한눈에 든 마법 같아

바람 차고 눈 내려 철 따라 껴입어도
하늘 아래 우뚝한 동산 그대로 멈춰있어
매일의 날씨는 맑음, 귓가 아직 따갑다

*기상관측소

뱀딸기

풀 섶엔 그 누구도 살가운 손 뻗지 않는다
곁눈질 슬쩍 넘겨본 이마의 붉은 자국
어릴 적 못 뱉은 눈깔사탕 혓바닥이 아리다

산굴뚝나비*

굴뚝 재 뒤집어써, 울음의 농담 깊었으리

날갯짓은 헛된 꿈 천사백 고지 선작지왓

엉겅퀴 바늘 구름 위, 파고든다 고향처럼

*한반도의 지형변화로 대륙과 분리된 제주도에서 이산가족이 되었다. 비상능력이 약해 북상 못하고 무리들과 격리되었다. 멸종위기 야생생물로 한라산고원에서 서식한다.

하논*

부름에 대답하듯 발걸음을 놓는다

아득한 새 지평의 또 다른 섬에 닿아

가만히 귀 기울이니 풀벌레 소리 가득 차다

뉘엿한 가을 들녘 그림 속에 빨려 들어

오만 년 전 물길이 간곡하게 이르는

세상의 근본을 열어, 한 끼 밥 뜸 들인다

* 분화구 안의 논, 습지와 샘이 있다.

늦더위

나무도 몸 움츠린
구월의
늦더위는

낮잠 끝
혼자 떼써
얼굴 붉힌 아이 같네

달래면
뚝 그칠 울음
그냥 놔두던 어머니

젖은 새

이른 새벽
현관 밖
직박구리 앉아있다

소낙비 흠뻑 맞아
파르르 젖은 깃털이

나무 위 오르지 못한
검은 눈동자 더 깊다

나도 저리 막막해 꼼짝달싹 못하던 때

누군가 봤을 것 같아
슬그머니 등 돌렸을 때

어쩌나 문 여는 순간,
가는 다리 툭툭 힘 싣는다

술패랭이꽃

짐을 싸 나갔던 바람 수몰지로 와 휩쓸리네

가을이 당도하여 더 간절한 피붙이들

제방 위 내리는 하늘, 툭 찔리는 속눈썹

평사리 범부채꽃

지리산 자락 운명 꿰차 들어갔던 사내가

참판 댁 돌담 곁에 저 홀로와 서있네

붉은점 화인 같은 사랑 안개비에 젖고 있네

과녁

선단을 이끌어 파도 가른 용머리해안

융기한 지층 바닥 검게 박힌 돌멩이

언젠가 널 향해 당겼던 빗나간 화살일까

눈금을 셀 수 없는 심해의 저 깊이를

팔십만 년의 단을 쌓아 전설처럼 빛나는

풍화로 다져진 성벽, 바다를 올려놓다

경전

관음사 숲길 걷다 눈에 띈 짐승 발자국

접질려 중심 잃듯 철렁 가슴 내려앉는다

태풍에 뿌리 뽑힌 나무, 둥치 속 두려움 같을까

부처 찾아 올랐다는 순례길의 헛웃음에

곧게 뻗은 삼나무, 밟히는 단풍 외경에

뒤 미쳐 겨우 깨치는, 또 하나 내 안의 짐승

한라산부추꽃

누군가의 위로가

갈바람에 스며있어

천백고지 습지 데워 젖은 발을 감싸나

보랏빛 네 안의 영토

그리움을 쟁이다

산지, 옛집
–단란한 밥상

움켜쥔 흰 대접 버선발로 내린 마당
쨍그랑 돌부리에 하얗게 쏟아지는
그 순간 파편이 튀어 끊기는 필름이다

무엇이었을까 둘 사이, 말소리 안 들리고
숟가락 든 채 멍하니 밥상머리 형제들
휘리릭 치맛자락 결기 돌변했던 할머니

마룻바닥 건사한 고팡의 절은 내력
뜸 들이는 전기밥솥 한 끼 밥 사치 같아
어머니 뱉지 못한 말, 알아듣는 늦은 봄

마농지*

산짓물 반나절은
온몸이 파르라니
맨발바닥 다리 건너
안골목 익숙한 집
나 홀로 평상에 앉아
볕살에 등을 대어

보리밥 한 숟갈의
한쪽 올린 마농지
물 한 대접 곁들어
우걱우걱 먹는 맛
입 주변 다디달아서
어머니도 잊겠다

*마늘장아찌

목포

안갯속 새벽 부두 눈 비비며 내려섰다
첫기차 기다리며 잠시 머문 식당 다락
밥 냄새 자욱한 김이, 울컥 집 생각뿐이던
동경하던 육지 꿈에 꾹 참았던 뱃멀미도
상점 불빛 찬란할 보상 같은 여수행도
기찻길 양철 지붕들 흑백의 그림 같아
숙부 댁 못 미쳐서는 되돌리고 싶던 방학
끈적이는 더위도, 덜컹대는 풍경도 지나

갓 지은 밥 냄새에는
유년의 항구 서려있다

남방큰돌고래

한수리 갯비린내 음파를 감지하듯
잔잔한 물결이 사막으로 인도하는

순식간 펼쳐진 장관 신기루 돌고래 떼

바다위로 솟구쳐
물파랑치며 사라진

헛손질 못 붙잡는 꿈결의 어머니

눈시울 붉어진 새벽
까마득 놓쳐버린 시

엉또폭포

산정을
끼고 내려
흩어진 형제들

한핏줄의 만남은
서로를 당기는지

손깍지 부둥켜안은 몸
곤두박질
절벽 아래

비명이 바닥을 쳐
벼랑을 세우고

순식간 마음 얼고
눈과 귀를 멀게 하여

비로소
저 먼 바다로, 쓸려간다
어미 품 간절히

석간세이*石澗洗耳

참 많이 편했겠다 게으름 중독이니
철공장 소리 딱지 앉듯 못 박힌 적 없으며
삼 년을 내리 베짱이, 날로 놀고 있는 귀

*바위틈 흐르는 물에 귀를 씻다.

노랑줄무늬거미

그가 포위되었다

가을 숲 잡풀 더미에

훈장처럼 쳐 놓은 그물

침입자 툭 찢어버려

수렁 위

내려설 수 없는,

저 공중의 곡예사

제 3 부

비설飛雪

가마우지

붉은 억새

사월 월령바다

제비꽃 바다

바람의 날 · 3
-변시지 그림 전

바람의 날 · 4
- 억새

곡비

광장

팥배나무
- 바람 속을 부는 바람 전 - 강요배

호랑나비의 잠

궁리

감물 옷

소길리

춤, 세마

흰 구두 한 켤레

함덕
-서우봉

비설飛雪

가슴에 품은 아기 잠시 내려놓아요

휘날리는 눈처럼 찬란한 햇살 아래 아 아 눈이 부시나요 고개를 못 드나요 제발 가슴을 여세요 구부린 몸 이제 펴세요 뼈 속에 파고드는 공포와 추위도 잊고 맨발의 젖은 옷자락 두 팔에 안은 아기와 숨을 몰아쉬며 무작정 뛰었지요 아이만 내 아이만, 쫓기는 이유 모를 그, 순간이었나요 폭설에 갇혀버린. 거친 오름 푸른빛에 반짝이는 등심붓꽃 젖 먹던 그 힘으로 바닥 차오른 아기별들 봐요

내쉰 숨 칭얼대던 울음
까르르 웃는 오월

가마우지

목울대 뱉은 내 새끼 다 어디로 갔을까

둥지로 날 수 없어 홀로 앉은 갯바위

바닷가 해무로 피는 봄

슬픔을 다 가둔다

붉은 억새

산록도로 양옆을 제 구역인 양 봉쇄한다

때맞춰 턱 멈춘 자동차, 검문하는 저 붉은 의지

산사람 이외 그 누구도, 한 치 앞 못 들어선다는

사월 월령바다

사월 바다는 허옇게 뭍으로 달려든다
끝내 손 놓아 버린 핏줄을 부르듯
저토록 짐승의 소리
온몸 들썩이며 운다

입술 끝에 올려놓아 함부로 말하던
갯바위 선인장길 가슴에 박힌 가시는
오래된 상처로 남아
바람처럼 휘청댄다

파도에 넋 잃듯 멈춘 풍력기 다시 돈다
아직도 안 끝난 노래 예 와서 부르듯
쇳덩이 바다를 향해
마른 거품 잔뜩 날린다

제비꽃 바다

봄마저 철수해 버린 사월의 맹골수도
양철북 던져 놓듯 멈춰버린 세월 앞에
둥둥둥 노랑제비꽃 강풍에 또 휩쓸린다

함께 가자 발길 못 떼 바다를 돌려놓고
어머니 숨참아 온몸으로 가른 물살
순식간 뱉어내었다, 꽃들 불러 모은다

바람의 날 · 3

– 변시지 그림 전

노을빛 바다가 토해내는 먹장구름

바람 갈기 움켜쥐고 소리 높인 까마귀

사내는 우두커니 앉아 폭풍을 바라본다

휘오리 성난 파도 몇 겹으로 조여오고

세상 밖 위리안치 그 누가 떠밀었는가

머루빛 순정의 눈에 저 바다를 지우는

바람의 날 · 4

–억새

우, 우, 우 이명의

울음을 삼킨 들녘

한 번 더 받들어야 할

돌투성이 자갈밭

닳아져 벼리던 날들

푸르게 살아,

살아있으라

곡비

눈물 펑펑 흘리며 뭉텅이지는 흰 꽃
수목원 발길 돌린 화목정원 만첩빈도리
수북이 쌓인 꽃잎의, 주춤 뭉클해지는

관목숲 건너 웅성대는 말 귀 기울였나
곁가지 위로마저 노란 꽃술로 녹이며
하루해 토해낸 슬픔 목이 다 쉰 것 같다

가자지구 피범벅에 엎드린 저 소년!
가슴에 손 얹는다, 멈추지 않는 포격소리
한 대륙, 땅덩이 지구 초여름 꽃이 진다

광장

한냉알레르기 벌겋게 온몸에 솟는다

발바닥서 머리끝까지 송골이 밝히는 밤

한바탕 쏟아낸 울음, 구석구석 온기 퍼진다

팥배나무

–시간 속을 부는 바람 전– 강요배

하늘과

땅의 경계

그 어디쯤 서 있었나

법정악

전망대

새파랗던 하늘 아래

불식간 쏟아내는 말

데인 듯이 뜨겁다

호랑나비의 잠

그 어느 그리움에 한 목숨 부려놓나

꼼짝 않는 창 틈새 가슴을 곧추세워

붉은 점 실가닥날개 아스라이 꿈을 좇네

궁리

1
낮잠서 깬 어릴 적은 왜 그리 울었는지
그 누구도 안 보여 나 홀로 있다는 예감
텅 빈 집 흠칫 놀라서
설움 복받쳤을까

2
살림난 아이들 그새 이는 적막에
먼 시간 거슬러 온 이 낯선 고요가
마뜩이,
제 딴의 궁리를
되새기는 한나절

감물 옷

가시덤불로 쏟아지는 칠월의 불볕엔

흰 광목 치댄 감물 게운 숨 돌릴 새 없이

밭일로, 바당 물질로 한 몸뚱이 타들었다

등줄기 흐르는 땀 눈자위 흐릿하고

맨발바닥 딛고 선 땅 거칠어 사무치는

어머니 일어서는 몸 배겨든 감꽃물색

소길리

발걸음 놓을 때마다 날 붙드는 마른 풀잎
등성마루 오르기엔 아직도 한참인데
가을이 가을을 불러 소잔등에 앉히는

수수빛 마음에도 허공은 더 깊어져
밭 돌담 넘어서는 바지랑대 허수아비
또 하루 열흘을 걸어 너를 향해 가는 사랑

춤, 세마

둥둥 뜬
내 안의 섬

두 손 높이
들어 올려

당신께 바치는
저 소용돌이 춤

오롯이 네게 돌아갈
무심의 나를 얻네

뭉개진 발가락에
수없이 지운 이력

찌든 땀 냄새도
바람결에 씻겨 갈

공중의 하얀 잎 버들
몸으로 쓰는 시여

흰 구두 한 켤레

광풍의 시절에도 대문 열고 들어선 집
몇 번의 죽을 고비 산목숨의 아버지
할머니 부르튼 발바닥 눈물의 투쟁이었다

치열했던 젊은 날들 홀연히 접어서
사상도 명분도 드럼통의 잿더미로
불안의 헛헛한 가슴, 평생을 지니고 산

그렇게 다 태워도 뼛속에 박힌 4 · 3은
임시막사 안과 밖, 따라오던 군홧발소리
징표로 삼았던 걸까, 닦고 닦던 흰 구두

함덕

—서우봉

싸르릉 사르릉 드센 바람 다 품어 안아

동쪽 기슭 파헤쳐진 가슴들을 어른다

저 바다

오름만 한 소

수굿이 누워 있다

제4부

풍경들

참을 수 없이 가벼운

달라*의 부처

동천리 석빙고

청산도의 일박

야차굼바의 길

차마고도

망초꽃

삘기꽃

접시꽃

파고
- 칡그물

길고양이들

자미원을 지나며

11월, 구절초

백합

맥문동잔디

어떤 꽃 하나

달팽이관

풍경들

들쳐 낸 묶은 책들 수북이 쌓인 먼지

잠시 스친 날들과 잊혔던 인연들이

숨 쉬듯 떨어져 나와 눈가를 간질인다

머리에서 발끝까지 긴 터널을 지나와

펼쳐놓은 풍경 속 안 보이는 비탈을

꼭 잡아 놓지 말라는 저릿한 생 나를 끈다

참을 수 없이 가벼운

숙소에 짐 풀자 물큰 번지는 냄새
침대 밑을 휘젓고 여행가방 들춰내도
근원을 찾을 수 없는, 선잠에 날 밝았다

일정에 탄 버스 그윽이 또 올라오는
앉은 몸 숙이니 신발 밑창 말라 비튼 똥
고산의 등짐 진 말들 사뭇 비켜선, 그때였을

사람냄새 더 버거운 내 안의 욕심자루에
잠시도 '참을 수 없는 존재의 가벼움'*이
호들갑 떨었던 시간, 얼굴 확 달아올랐다

*밀란 쿤데라의 소설 제목 인용

달라*의 부처

발바닥 닫는 곳마다
등짐을 받아주는

양곤강 건너온
하늘 아래 첫 동네

땟자국 그윽한 향내
오래된 사원이다

허방인 듯 휘청이며
함께 온 나의 길목

판잣집 마루턱의
미나리 같은 아이들

진흙탕 걸어 나오며
환히 웃는 부처여

* 미안마 양곤의 서쪽 마을

동천리 석빙고

아치형 뚫은 지붕 스며든 하늘빛에
층층 쌓은 돌얼음집 옛일이 얼비친다
틈새의 이끼마저도 곱은 손 흔적 같아

감나무 새잎마저 진홍으로 타올라
관리들 세운 공덕비 그 곁에 무색하고
칠월의 폭염주의보 도리 없이 견디는

쩌렁 쩌렁 금이 간, 강어귀 떠메고 왔을
조선사내 그 겨울 입김을 가르듯
삼백 년 얼린 가슴들 땡볕에 녹고 있다

청산도의 일박

한옥이 내는 숨소리 밤새 뚝 뚝 뚝 거려
잠들만하면 깨고 짐짓 놀라 다시 깨었다
그럴 듯 반듯한 집을 모름지기 선택한 대가다

욱신거린 뼈마디 마디, 바람을 거슬러 와
저 들녘의 동료들에게 내처 치닫고 싶은
나무는 나무의 부름에 진정 서고 싶었던 걸까

애초에 예약했던 바닷가 그 낮은 집
약속마저 파기하고 뒤돌아선 거리낌에
푸른 밤 머리 둘 곳 없어, 뜬눈 지샌 나의 시

야차굼바의 길

제 몸의 두 배되는 짐 보따리 실려 있는

히말라야 네팔산맥 절뚝이는 당나귀

바람결 검은 눈동자 경배를 담고 있다

무릎이 다 닳도록 채취한 동충하초를

지상의 가장 높은 청라시장으로 향한다

짐승도 부리는 이도, 히말라야 아래 한 형제

돌투성이 가파른 길 수없이 헤쳐 온 듯

명약의 한잔 차를 세상 밖 내어놓을

공손한, 저 복종의 몸 한 번쯤은 비틀길

차마고도

묵혀둔 차茶도없이 올랐음을 알아채었나

맞닥뜨린 말 행렬 비키라는 듯 휘젓는 손

등줄기 저 가파름을 거뜬히 올려놓는다

그 어디서나 똑같은 사람의 자취는

말 잔등 위 여물의 숭고한 무게만큼

허공에 가벼이 실리는 한 생의 한 시점일

어디까지 이르러야 다시 또 지평에 닿나

달라붙는 흙먼지 속 새어나는 말똥냄새

높은 길 서두는 걸음이 자꾸 나를 되돌린다

망초꽃

허공도 바다도 건너 예까지 따라왔네

허리께 주춤 다가와 옷깃을 잡아끄는

한 하늘 사람의 동네, 바람결도 익숙한데

잠시 네게 벗어났다고 외진 마음 도졌을까

먼 나라 숙소 모퉁이 산 그림자 내리는

간간이 흩뿌리는 비 날 달래는 꽃망울들

삘기꽃

사막을 건너는 법 저도 알고 있었네
숨 가쁘게 당도한 너의 하늘 아래서
산등성 신기루 쫓아 헛발질 한데로만

첩첩이 박힌 모래알 쓸려가는 바람 속
더 이상 오를 데 없다, 주저앉던 낭끼오름
오래전 긁힌 자국들 새하얗게 글썽이네

접시꽃

한여름 뒤뜰에 놀러온 사촌언니

할머니 둥근 질그릇 가득 받아 데워진 물

새까만 발등 담구면 장대키 희죽이던

파고
—칡그물

집채만 한 파도를 구태여 재야할까

나무들의 우듬지 끝끝내 휩쓸려서

땅 밑의 숨은 틈새로 뻗어가는 물갈퀴

팔월 염천 한낮을 서늘히 떨게 하는

덩굴손의 저의를 헤아릴 길 없으나

마침내 그물에 걸린, 칡꽃의 출렁이는 생

길고양이들

침입자의 자유로운 영혼을 누가 막으랴
꽃밭서 현관까지 주르르 들이닥친

너희들! 흘금 쳐다본다
저 흙발
슬쩍 놓는다

못 잡을 거야, 어림없어, 잔등을 실룩이며
계단을 건너뛴다 울타리 사뿐 넘는다

대문 밖 딱 맞닥트린
저 눈빛,
끝이에요!

자미원을 지나며

터널 지나 또 터널 그대 맘 같은 첩첩산중
이월 마른 이파리 서두를 일 없으나
누군가 위로의 손을 뿌리치듯 기차는 가네

낯익은 듯 낯선 그림 같은 자미원
남겨진 선로를 또 누가 다독이듯
목적지 도착해서도 이내 발을 못 떼던

11월, 구절초

소금기도 땀내도 선착장을 빠져나가
어진 마음 펼쳤는지 바다는 호수 같아
그 속내 감추던 이유, 아무렴 추자를 품어

무심히 들어서는 예초리 해안 등성
정적 속의 배 한척 미끄러져 들어온다
아, 그날 황새바위에 하얗게 떨 리는 손

유배길 내뱉은 비명 같은 숨비소리
내 아이! 휘~이익 벼랑을 타고 올라
포대기 혈육* 품었다,
구절초 무더기 꽃

*황사영 백서사건으로 정난주는 제주로 유배될 당시 2살 난 아들을 추자도 해안가 물새울 황새바위에 내려놓고 하늘이 보살펴주기를 바랐다. 37년간 제주도의 관비로 살면서 추자도에 있는 아들을 생전에 만나지 못했다.

백합

늦여름

뜻밖의

그녀와 마주쳤다

풀 먹인 넓은 칼라

옛일들

고스란히

모퉁이

견디어 온 날

저 안간힘

쓸쓸하다

맥문동잔디

서둘러 끝낸 일을 애써 늘여 놓았을까

수고했다, 염려 말라 나직나직 바람 타며

오롯이 일어서는 풀, 밟혀도 하나 되어

어떤 꽃 하나

누군가 실컷 울고,
이제 참으려는 듯

쏟아 내던 장맛비 멀쩡히 갠 하늘 맑다

변명도 못할 때 있다,
어쩔 수 없이 묵묵부답일

내뱉는 그 말에도 옷 적시는 빗줄기라
꺾인 우산살의
펼 수 없는 당혹감일 때

치자꽃, 한 송이 남아 있어 아직 "나 괜찮습니다"

달팽이관

오름의 저 깊이를 무슨 수로 재려 했나

헛딛는 발걸음에 놓쳐버린 무게중심

활오름 휘어지던 생, 오롯 버틸 그 자리

구도(求道)의 순례의 길을 걷는 시조
– 김윤숙 시집 『참빗살나무 근처』

고명철(문학평론가, 광운대 교수)

1. 시조, 전통과 현대의 창조적 회통

김윤숙의 이번 시편들을 조감하면서, 지극히 일반적 얘기일지 모르지만, 시조를 음미하는 것과 자유시를 음미하는 것 사이의 차이를 생각해보았다. 물론, 여기서 시조는 현대시조를 가리킨다. 현대시조는 근대적 서정 주체의 시적 정동(情動)을 자유롭게 표현한다는 점에서는 자유시와 크게 다를 바 없지만 시조 특유의 율격, 4음보를 근간으로 한 율격을 크게 벗어나지 않은 채 서정 주체의 미의식을 표현한다는 점에서 자유시와 다른 시작(詩作)을 보인다. 그래서 현대시조가 자유시에 비해 상대적으로 율격의 비중이 높다는 것은 자연스레 이를 염두에 둔 감상이 필요하며, 율격의 시적 효과를 고려했을 때 현대시조가 지닌 특유의 시적 매혹을 한층 웅숭깊게 감지할 수 있다.

숲에 들이친 바람을 설령 밀어내랴
절지기 울음 삼켜 숨비기꽃 피우는
지상의 감옥 한 채에, 온 우주를 내린다

— 「섶섬」 전문

김윤숙 시인은 서귀포시 보목동 해안에 있는 섶섬을 노래한다. 모두 3장으로 이뤄진 평시조의 형식을 취하고 있다. 율격은 시조 고유의 4음보로서 평이한 율격이다. 다만, 현대시조임을 상기할 때 각 장은 자유시의 연을 구분하듯 모두 3연으로 구성돼 있다. 그러니까 초장 · 중장 · 종장이 각 독립된 연을 이루고 있다. 얼핏 보면, 고전시조 평시조의 형식을 취하는 것처럼 보이지만, 정작 눈여겨보아야 할 것은 시조 고유의 4음보를 유지하면서 각 장이 자유시의 개별 연을 구성하는 것과 동일한 형식을 취하고 있다는 사실이다. 이것은 「섶섬」에게만 국한된 게 아니고 김윤숙의 다른 시편뿐만 아니라 현대시조를 쓰고 있는 다른 시인의 작품에서도 두루 얘기할 수 있는 바, 전통과 현대의 창조적 회통(會通)에 기반한 현대시조가 득의하고 있는 아름다움이다.

이를 염두에 두면서, 「섶섬」을 곰곰 음미해보면 섶섬의 아름다움이 웅숭깊게 다가온다. 우선, 섶섬은 섬이므로 외톨이의 운명을 타고났다. 그런데 섶섬은 "숲에 들이찬 바람을" 매몰차게 거부하지 않는다. 맵짜한 바람이 섬의 곳곳을 쑤시고 들어오더라도 심지어 섬 내부의 고요와 안정을 휘젓더라도 섬은 골칫거리인 바람을 밀어내지 않는다. 섬은 이 바람과 함께 더불어 그렇게 바다 위에 외톨이로서 떠 있을 뿐이다. 그런데 이 섬에는 "절지기"와 관련된 이야기가 전승되고 있으며 "숨비기꽃"으로 피어나 구술 전승의 육체를 이뤄낸다. 여기까지만 하더라도 초장과 중장은 아무런 연관도 없는 채 독립된 자족의 세계를 구축하고 있다. 그래서 초장과 중장은 독자적 행으로써 나뉜 채 그만의 독자적 연을 이룬다. 종장도 마찬가지다. 결국 섶섬은 "지상의 감옥 한 채"로서 "온 우주"를 전신으로 구현하고 있는 자족의 세계를 담대히 보여준다. 종장에서 온갖 사연이 꼬리를 문다. 섶섬은 왜 스스로를 "지상의 감옥"으로 유폐시켰을까. 아니면, 무엇인가로부터 이런 숙명을 부여받은 것일까. 물론, 말없이 떠 있는 섶섬만이 답을 할 수 있으리라. 이렇게 각 장은 서로 애써 연관성을 이으려고 하지 않은 채 각 장이 지닌 독립된 자족의 세계를 매우 안정감 있는 4음보의 율격으로 구성돼 있다. 이것이 바로 김윤숙 시인이 득의하고 있는 전통과 현대의 창조적 회통으로 노래한 섶섬의 시적 정동이다.

2. 제주의 풍정(風情), 그 시적 매혹

이러한 김윤숙 시인의 시작(詩作)은 제주의 풍정(風情)을 노래할 때 한층 그 시적 매혹이 번뜩인다.

뉘엿한 가을 들녘 그림 속에 빨려 들어
오만 년 전 물길이 간곡하게 이르는

세상의 근본을 열어, 한 끼 밥 뜸 들인다

— 「하논」 부분

가시덤불로 쏟아지는 칠월의 불볕엔
흰 광목 치댄 감물 게운 숨 돌릴 새 없이
밭일로, 바당 물질로 한 몸뚱이 타들었다
등줄기 흐르는 땀 눈자위 흐릿하고
맨발바닥 딛고 선 땅 거칠어 사무치는
어머니 일어서는 몸 배겨든 감꽃물색

— 「감물 옷」 전문

흔히들 척박한 제주에는 쌀농사가 안 되었을 것이다고 생각하기 십상이다. 육지처럼 천수답이 발달하지 않았으므로 논농사를 짓는 것은 결단코 쉽지 않았다. 그렇다고 논 자체가 없었던 것은 아니다. 신기하게도 수만 년 전 오름 분화구 안에 습지가 형성되면서 지금까지 그곳 분화구 안에 논이 있는데 이곳을 '하논'이라 부른다. 분명, 제주에서는 흔하지 않은 풍경이다. 태곳적 원시 자연의 질서가 아직도 생생히 살아 있을 뿐만 아니라 무엇보다 그 원시 자연의 질서가 제주인의 생활과 유리되지 않은 채 논농사로 실현되고 있는 것을 시인은 "세상의 근본을 열어, 한 끼 밥 뜸을 들인다"와 같은 시적 표현으로 절묘히 포착해낸다. 다시 말해, 시인은 화산 작용으로 생겨난 제주도("세상의 근본을 열어")와 이후 제주 사람들의 생명과 문화의 삶("한 끼 밥 뜸을 들인다")이 안정되게 지속된 제주의 풍정을 4음보의 율격으로 승화시키고 있다.

이 같은 제주의 풍정은 "가시덤불로 쏟아지는 칠월의 불볕"에도 불구하고 제주의 밭농사와 물질을 하면서 고된 삶을 이겨나가는 제주의 어머니가 입고 있는 '감물 옷'과 포개진다. 지금은 제주의 관광상품으로써 널리 소개되고 있으나 이른바 갈중의로 불리는 '감물 옷'은 제주의 힘겨운 생활상을 표상하는 노동복으로, 척박한 제주의 환경 속에서 억척스레 삶을 살아간 제주 사람들의 삶의 강한 의지를 읽어낼 수 있다. 그래서 "흰 광목 치댄 감물"을 물들여 밭일과 물질을 할 때 입었던 갈중의로부터 시인은 제주 어머니의 고된 삶의 풍정을 자연스레 떠올리는 것이다. 이때 중요한 것은, 「감물 옷」에서 재현되고 있듯, 이 모든 제주의 힘겨운 삶과 노동, 특히 제주의 어머니와 연관된 삶과 노동은 시조의 안정된 4음보 율격 안에서 선택된 언어들이 어우러진 압축미로서 다가온다.

3. 4 · 3의 이명(耳鳴), 생명과 긍정의 심상

그렇다면, 김윤숙 시인에게 제주의 4 · 3은 현대시조로서 어떻게 형상화되고 있을까. 4 · 3 또한 엄연한 제주의 풍정을 이루고 있는 것으로, 4 · 3에 대한 김윤숙의 시적 고민은 어떤 것일까.

우, 우, 우 이명의
울음을 삼킨 들녘

한 번 더 받들어야 할
돌투성이 자갈밭
닳아져 버리던 날들
푸르게 살아,
살아있으라

— 「바람의 날 · 4 – 억새」 전문

이 시의 언어는 표면상 4 · 3의 언어로 이뤄져 있지 않다. 그리고 애써 4 · 3의 맥락으로 이해하지 않아도 무방하다. 하지만 어찌 된 일일까. 이 시를 자꾸만 읊조리고 있노라면, 이 시가 절로 4 · 3문학의 맥락 안으로 자기 자리를 옮겨간다. 그래서 바람과 억새, 제주의 들녘이 4 · 3의 역사적 풍정을 이룬다. 우선, 바람에 온몸을 내맡긴 억새는 억새들 사이를 들고 나는 바람과 함께 "우, 우, 우" 이명을 만들어낸다. 이 울음은 4 · 3의 화마를 피해 산으로 내몰린 사람들의 통한이 맺힌 울음으로 들리는가 하면, 4 · 3 무장대가 억새를 헤치며 가쁜 숨을 몰아쉬는 가운데 그 가쁜 숨결이 억새 사이를 들고나며 만들어내는 이명으로 들리는가 하면, 4 · 3 토벌대가 억새를 헤집어 나가면서 무장대를 공격하면서 내는 소리로 들리는가 하면, 4 · 3의 대참상을 속수무책으로 겪는 무고한 양민들의 넋두리로 들리는 등 4 · 3의 역사적 풍정을 구체적 실감으로 구성해낸다. 그런데, 이 시에서 각별히 눈여겨보아야 할 것은 이러한 "이명의/울음을 삼킨 들녘"을 시인은 비극과 부정적 심상으로 환치시키지 않고 영원히 살아 있어야 할 생명과 긍정의 심상으로 보고 있다는 점이다. 우리는 알고 있지 않은가. 얼마나 많은 죽음들이 제주의 들녘에서 횡행했던가. 제주의 바람과 억새, 그리고 들녘은 또렷이 기억하고 있을 터이다. 4 · 3의 전대미문의 대참상은 “저토록 짐승의 소리/온 몸 들썩이며”(「사월 월령바다」) 울 듯, 제주의 바다마저 제주의 역사적 풍정으로 4 · 3을 망각하지 않고 있다. 이러한 4 · 3의 역사를 품은 억새와 제주의 들녘은 시인에 의해 “푸르게 살아,//살아 있으라”라고, 마치 주술과 같은 강렬한 시적 염원의 이명으로 귓전을 울린다.

여기서, 이러한 생명과 긍정의 이명이 경이로운 것은 4 · 3의 역사가 지구 반대편에 있는 팔레스타인에까지 미치고 있다는 사실이다. 고백하건대, 김윤숙의 4 · 3의 시적 인식이 한국과 제주를 훌쩍 넘어 세계사적 맥락에서 팔레스타인의 역사와 접맥하고 있는 데서, 기회가 있을 때마다 거듭 강조하듯이, 4 · 3문학이 진취적으로 모색하고 궁리해야 할 새 지평을 김윤숙 나름대로 실천하고 있는 면은 마땅히 주목되어야 한다.

> 가자지구 피범벅에 엎드린 저 소년!
> 가슴에 손 얹는다, 멈추지 않는 포격소리
> 한 대륙, 땅덩이 지구 초여름 꽃이 진다
>
> — 「곡비」 부분

물론, 혹자는 「곡비」를 4 · 3과 분리시켜 범인류적 참상의 일환으로 읽고 싶을 것이다. 그렇게 이해해도 괜찮다. 하지만, 이 시가 4 · 3과 연관된 시의 맥락 안에서 적극적으로 읽힐 때 이 시의 심상과 시적 전언은 보다 구체성을 띤다. 말하자면, 우리는 김윤숙의 「곡비」를 창조적 오독을 빌어, 4 · 3문학의 새 지평을 모색하는 모종의 전략적 차원에서 읽을 필요가 있다. "가자지구 피범벅에 엎드린 저 소년!"의 삶에 깊숙이 연루된 현실은, 이스라엘과 팔레스타인의 민족적 · 종교적 충돌과 갈등에 그 원인이 있다. 하지만 이들의 전면적 대립의 또 다른 이면에는 4 · 3이 그렇듯 이 지역을 에워싼 영국 및 미국의 정치경제적 이해관계가 끼어들면서 이스라엘과 팔레스타인의 대립을 한층 격화시키고 있으며, 그 과정에서 팔레스타인은 생존의 위협을 감내하고 있는 것이다. 지금도 가자지구에는 "멈추지 않는 포격소리"로 팔레스타인의 생존을 향한 치열한 투쟁은 지속되고 있다. 제주의 시인이 할 수 있는 일은 이렇게 4 · 3의 문제의식을 심화 · 확산시키는 노력으로 팔레스타인의 현실을 외면하지 않고 자신의 시작(詩作)으로 이 지옥도(地獄圖)를 우리로 하여금 또렷이 보도록 하는 일이다.

4. 시조, 삶의 순례의 길

물론, 이 일은 말처럼 쉽지 않다는 것을 알고 있다. 자신의 상처와 아픔도 추스르기 힘든 터에 지구 반대편에 있는 약자를 보듬어 안는 일은 시간과 공간을 초월한 동감의 능력을 평소 기르고 있어야 가능한 일이다. 이것은 삶의 겸허한 윤리 감각이 뒷받침되고 있음을 말해준다.

사람냄새 더 버거운 내 안의 욕심자루에
잠시도 '참을 수 없는 존재의 가벼움'이
호들갑 떨었던 시간, 얼굴 확 달아올랐다

— 「참을 수 없이 가벼운」 부분

제 몸의 두 배되는 짐 보따리 실려 있는
히말라야 네팔산맥 절뚝이는 당나귀
바람결 검은 눈동자 경배를 담고 있다
무릎이 다 닳도록 채취한 동충하초를
지상의 가장 높은 청라시장으로 향한다
짐승도 부리는 이도, 히말라야 아래 한 형제
돌투성이 가파른 길 수없이 헤쳐 온 듯
명약의 한잔 차를 세상 밖 내어놓을
공손한, 저 복종의 몸 한 번쯤은 비틀길

— 「야차굼바의 길」 전문

히말라야에서 가장 높은 곳에 위치한 시장을 "제 몸의 두 배되는 짐 보따리" 실은 당나귀가 올라간다. 당나귀의 짐은 힘겹게 채취한 동충하초이고, "돌투성이 가파른 길"을 헤쳐 올라간다. 그 비결은 간단하다. "공손한" 몸과 마음을 지녀야 한다. 지상의 낮은 곳에서 숱한 욕심과 욕망으로 꽉 차 있는 존재에게 이 같은 단순 명료한 삶의 태도는 좀처럼 그 위대성이 눈에 들어오지 않는다. 겸허히 자신의 존재를 하염없이 비워낼 때 공손함의 윤리 감각이 자신을 그득 채우는데 이것이 쉽지 않은 것이다. 생각해보면, 이 공손함의 윤리 감각은 시조가 본래 보증해온 수행으로서 시작(詩作)과 다르지 않다. 아무리 현대시조가 고전 시조와 크게 달라졌다고 하지만, 시조 고유의 안정된 4음보의 율격과 그것이 자연스레 함의하고 있는 성찰의 시작(詩作)은 현대시조가 근대의 미의식에만 충실해서만 안 되고 삶과 현실에 대한 모종의 깨우침을 근간으로 삼고 있는 것을 전적으로 부인할 수 없다. 따라서 "시조의 품성처럼 허허로운 눈매여"(「편백나무-추사체로 읽다」)에 깃든 심상에서, 추사 김정희의 품성을 모방하고 싶은 시인의 욕망을 이해할 수 있다. 말하자면, 시조를 쓰는 김윤숙 시인에게 삶의 겸허한 윤리감각은 시조와 분리될 수 없는 것이고, 이것은 시조를 쓰는 김윤숙 시인을 추스르는 삶의 경전과 다를 바 없다.

> 관음사 숲길 걷다 눈에 띈 짐승발자국
> 접질려 중심 잃듯 철렁 가슴 내려앉는다
> 태풍에 뿌리 뽑힌 나무, 둥치 속 두려움 같을까
> 부처 찾아 올랐다는 순례길의 헛웃음에
> 곧게 뻗은 삼나무, 밟히는 단풍 외경에
> 뒤 미쳐 겨우 깨치는, 또 하나 내 안의 짐승
>
> — 「경전」 전문

시적 화자는 관음사 숲길을 산책하다가 짐승 발자국을 보고 갑작스레 엄습한 두려움에 휩싸인다. 두려움의 속성이 "태풍에 뿌리 뽑힌 나무, 둥치 속"에 비유될 뿐, 정작 두려움을 유발한 원인에 대한 시적 정보는 쉽게 헤아릴 수 없다. 다만, "뒤 미쳐 겨우 깨치는" 것이 있는데, 그것은 "또 하나 내 안의 짐승"을 발견했다는 어떤 경이로움이다. 이 경이로움은 자못 흥미롭다. 시적 화자가 이 시의 전반부에서 마주한 두려움이 관음사 숲길을 이미 지나간 실제 짐승의 존재로부터 파생된 어떤 공포스러운 위력의 대상으로부터 촉발된 것이라면, 후반부에서 "내 안의 짐승"을 발견하면서 느끼는 두려움은 내 존재를 위협하는 위력과 그 성격이 다른, 관음사 숲("곧게 뻗은 삼나무, 밝히는 단풍")의 숭고한 풍경이 자아내는 외경(畏敬) 때문이다. 여기서, 전반부와 후반부로 비교되는 이 상대적 차이의 두려움이 "부처 찾아 올랐다는 순례길"에서 마주하고 있다는 것은 이들 두려움의 표면적 속성은 서로 다르지만, 이들은 서로 무관한 게 아니라 참된 자아를 성찰하도록 하는 종교적 역할을 맡는다. 그것은 관음사 숲길을 산책하면서 가능하고, 이 산책은 부처를 찾는 구도(求道)의 순례길이므로 순례길 자체가 '경전'인 셈이다.

그렇다. 김윤숙 시인에게 시조를 쓰는 일은 어쩌면 구도의 순례길을 걷는 것과 흡사한 '경전'을 읽는 수행의 차원과 다를 바 없다. 또한 김윤숙 시조의 존재 이유이기도 하다.